Mes petites énigmes

BD

4e et 3e

13-15 ans

THE LADY IN BLACK

Auteure : Joanna Le May

Illustrateur : Sylvain Frécon

hachette
ÉDUCATION

Les personnages de l'histoire

Maggie

Maggie est une adolescente au caractère bien trempé qui a l'art de poser les bonnes questions et prendre les bonnes décisions. Le chef de la bande, c'est elle !

Fiona

Fiona est une grande lectrice dotée d'un tempérament rêveur. Par son côté visionnaire et ses intuitions fulgurantes, elle épate toujours ses amis !

Fred

Fred est un Monsieur Je-sais-tout un brin agaçant ! Mais ses connaissances et sa maîtrise de l'informatique s'avèrent bien souvent utiles…

Charaka

Charaka est le sportif de la bande. Ce passionné de football est surtout un expert en arts martiaux ! Il n'hésite d'ailleurs pas à s'en servir quand les circonstances l'exigent…

ISBN : 978-2-01-786557-5

58, rue Jean Bleuzen, CS 70007, 92178 Vanves Cedex

The Lady in black

Qui est donc cette mystérieuse Lady dont le fantôme erre dans les rues de Londres ? et pour quelle raison surgit-elle du néant ? De rebondissements en coups de théâtre, Maggie, Fiona, Charaka et Fred vont mener une enquête haletante où passé et présent sont secrètement liés…

: informations culturelles disponibles en fin d'ouvrage.

?
Listen ! It has stopped !
PHILiiiiP !
PHILIP ! WHERE IS PHILIP ?
?!!

The next morning...
NEWS 24
Big Ben stopped at five o'oclock last night. Experts say it's a mystery...

Why did Big Ben stop ?
Yesterday we saw the Lady in black near Big Ben.

Quelle question la Dame en noir a-t-elle posée ?

Les réponses en pages 60 et suivantes.

This is interesting. Big Ben stopped ringing in 1859.
Why ?
Look ! The bell cracked !
LONDON HISTORY
BIG BEN
Is that why it stopped yesterday ?
No. The bell has still got the same crack today. It rings every day with no problem !

I know why Big Ben stopped !
The Lady in black wants us to LISTEN to her ! She has got a message.
?!!
Ok ! Let's return to Big Ben. We will take the underground !

**clues* : indices.

RiiING...
Fred. Your telephone is ringing.
Riiiiing...
?!
RiiiiNG...
It isn't ringing!
?
It isn't my telephone!
RiiiNG...
?
?
RiiiiNG...
Listen! It's the red telephone box. It's ringing!
RiiiNG.
RiiiNG...
NO! THAT'S IMPOSSIBLE!

That's curious. Today red telephone boxes are just for decoration.
RiiiiiNG...
RiiiNG...
TELEPHONE
We must answer it!
NOT ME!
RiiNG
RiiiNG...
RiiNG...
Oh really! I'LL answer it!

RIIIN...
CLICK
?!!
WHERE IS PHILIP! WHERE IS PHILIP?
THE LADY IN BLACK!

**The line is dead.* : Il n'y a pas de tonalité.
**bus route* : ligne d'autobus.

three miles : environ cinq kilomètres.

get off : sortir, descendre (d'un véhicule).

THE BRIDGE IS OPENING !
I DON'T WANT TO DIE*!
HEEEEEEELP !
CREEEAK
CREEAK
AAAAAAAH!

*die : mourir.

*floor : plancher, sol.
*coin : pièce (de monnaie).

*gap : trou, espace.

THE TOWER OF LONDON !
It's a message from the Lady in black...
We must go to the Tower !

*ghosts : fantômes.

*ravens : grands corbeaux.

CAW
CAW
CAW
CAAW
RUN!
CAW
CAW
CAAW
CAW
THIS WAY!
CAW
CAW
CAAW
CAW
CAW
CAAW
CAW
ERRR... NO THAT WAY!
CAAW
CAW
CAAW
CAAW
CAAW
CAAW

CAW
CAW
?!
CAW
CAAW
CAW
CAW
CAW
CAW
CAAW

THE BIRDS ARE FLYING AWAY !
Look ! You have got a new friend !
?!
It has got something in its beak !
What are they ?
Quel est le nom anglais des oiseaux qui vivent dans la Tour de Londres ?

**bank notes* : billets de banque.
**counterfeit* : contrefaits, faux.

What does COUNTERFEIT mean ?
It means that the notes are FALSE !
Is the coin from the bus counterfeit too ?
Good question. Let me see !
No, It's not. It's very old. Look, that is the head of Isaac Newton.

Isaac Newton worked for the Tower of London !!!
Really ? What did he do ?
They made English coins in the Tower of London. Isaac Newton detected counterfeits...

under arrest : en état d'arrestation.

THE BANK OF ENGLAND!
It's another message from the Lady in black! We must go to your mum NOW!
Ok!

The Bank of England is near Bank Station.
LET'S GO!
Camden Road
King's Cross St. Pancras
Caledonian Road & Barnsbury
Angel
Farringdon
Old Street
Barbican
Liverpool Street
Chancery Lane
Moorgate
St. Paul's
Covent Garden
Bank
Mansion House
Cannon Street
Aldgate
Monument
Tower Hill
London Bridge
River Thames
Bermondsey

*get on : monter (dans un bus, un métro...).

**switch off* : éteindre (une lumière, un appareil électrique…).

Qui est M. Hacker ?

... so you understand Mr Hacker. The Bank of England is in danger !!
Oh Maggie ! My dear ! Of course I will help !
UNDERGROUND
BANK STATION

Come with me everyone !
TAXI !

Errm, Mr Hacker, this is NOT the direction to the Bank of England !?
Don't worry my boy !

Where are we going !!!?
I said : Don't worry...

**locked* : fermées à clé.

I said :
HURRY UP !
What now ?
SLAM !
Will he be back ?
I don't know !
OH NO ! LOOK AT THE FLOOR ...

THERE'S WATER EVERYWHERE !?
?!?!
WHAT'S HAPPENING ?!

**tide* : marée.

**23 feet* : environ 7 mètres.

HELP!
HEEEELP!
HEELP!
HELP!
GLUG
GLUG
GLUG
GLUG

TAXI
We must telephone for help !
DO SOMETHING ! QUICK, QUIIIICK !!!
??!! THERE'S NO SIGNAL !?!
THE BRIDGE IS BLOCKING IT !
OH NOOO !

FRED ! WHAT ARE YOU DOING ?!
WE'RE ALL GOING TO DIE AND YOU'RE PLAYING GAMES ?!
Nope ! I'm not playing games.
?!
I've got a signal !

*emergency : urgence.

*accomplice : complice.
*follow : suivre.

There's a door in a wall just under Tower Bridge.
Behind the door there's a tunnel...
And where does the tunnel go ? That's the INTERESTING part !
It goes to...
Comment Fred a-t-il réussi à capter un réseau ?

**vaults* : chambre forte.
**real* . vrais, véritables.

He left the bank with the bag of money...
... used the tunnel...

... met his accomplice and passed him the money.

***lucky** : chanceux.

Counterfeit sterling is very bad for business !
And economic disaster for Britain !
But there's still a mystery...
Who is the Lady in black ?
Yes... And who is Philip ?
I've got a book that will interest you.
?!

**amazing* : extraordinaire.

**cashier* : caissier.

The director says that Philip is FALSIFYING cheques !

Philip is arrested, judged...

*hanged : pendu.

Today her ghost haunts the Bank of England and Bank underground...
?!

... always asking...
WHERE IS PHILIP?

But why did Sarah Whitehead communicate with us ?
Because my mum works for the Bank of England.
And Sarah has got an important message : Mr Hacker is making counterfeit money !
ATISHOOO!
Of course ! Sarah left three clues to find Mr Hacker !
Quels étaient ces trois indices ?

The old bus route.
The coin with the head of Isaac Newton.
The couterfeit bank notes.

*guilty : coupable.

PHILIP ?
PHILIP ?
?!
GRANNY ! IT'S YOU !
What are you doing here ?
?
?
?
?
I'm going shopping
with your mother.
BUT, WHO IS
PHILIP ?!?

AH ! THERE you are ! What are you doing under this table ?
?!
Philip's my DOG !
WOOF WOOF
HAHAHAHA HAHA HAHAHAHAHA HAHAHAHA

Traductions
et informations culturelles

The Lady in black

Page 4
— Quelle heure est-il ?
— Il est 5 heures. Vous entendez ? Big Ben est en train sonner.
[DONG DONG DONG] Ding dong ding

BIG BEN
Big Ben est la tour de l'Horloge qui domine le palais de Westminster, siège du parlement britannique. Elle doit son surnom de Big Ben à sa cloche de 14 tonnes qui sonne les heures. En 2012, la tour a été rebaptisée Elizabeth Tower en hommage à la reine Élisabeth II.

Page 5
— Écoutez ! Il s'est arrêté !
— PHILIIIIP !
— PHILIP ! OÙ EST PHILIP ?

Page 6
Le lendemain matin…
— Big Ben s'est arrêté à 17 heures hier soir. Les experts déclarent qu'il s'agit d'un mystère.
— Pourquoi Big Ben s'est-il arrêté ?
— Hier, nous avons aperçu la Dame en noir près de Big Ben.

Page 7
— Qui est Philip ?
— Qui est la Dame en noir ?
— Maman ! On est samedi ! Pourquoi travailles-tu aujourd'hui ?
— C'est exceptionnel. Au bureau, j'ai de gros problèmes. Au revoir !
Réponse : Où est Philip ?

Page 8
— Voilà qui est intéressant. Big Ben a cessé de sonner en 1859.
— Pourquoi ?
— Regardez ! La cloche s'est fendillée.
— Est-ce pour cela qu'elle s'est arrêté hier ?
— Non. Aujourd'hui, la cloche a toujours la même fêlure. Elle sonne tous les jours sans aucun problème !

Page 9
— Je sais pourquoi Big Ben s'est arrêté !
— La Dame en noir veut que nous l'ÉCOUTIONS ! Elle a un message.
— Très bien ! Retournons à Big Ben. On va prendre le métro.

Page 10
— Big Ben est là-bas.
— La Dame en noir se trouvait ici.
— Je ne vois aucun indice.

Page 11
— Fred. Ton portable sonne.
— Il ne sonne pas !
— Ce n'est pas mon téléphone !
— Écoutez voir ! C'est la cabine téléphonique rouge. Elle sonne !
— NON ! C'EST IMPOSSIBLE !
[RIIING RIIIIING RIIIIING RIIING RIIIIING RIIIING RIIING] Driiing driiiing driiing driiing driiiing driiiing driiing

RED TELEPHONE BOX
La fameuse cabine téléphonique rouge a été imaginée dès 1926, mais le modèle le plus célèbre, le K6, date de 1935. Il est l'œuvre d'un architecte anglais Sir Giles Gilbert Scott. C'est grâce au K6 que l'implantation de cabines dans tout le pays a été rendue possible, passant de 19 000, en 1935, à 35 000 en 1940.

Page 12

— C'est bizarre. De nos jours, les cabines téléphoniques rouges sont juste décoratives.
— On doit répondre !
— PAS MOI !
— Non, mais vraiment ! Je vais répondre !
[RIIIING RIIIING RIING RIIIING RIING] Driiiing driiing driing driiing driing

Page 13

— OÙ EST PHILIP ? OÙ EST PHILIP ?
— LA DAME EN NOIR !
[RIIIN…] Driiin [CLICK] Clic

Page 14

— ALLÔ ! ALLÔ !
— Rien. Il n'y a pas de tonalité.
— Regardez ! Il y a quelque chose par terre. C'est peut-être un indice !
— C'est une ancienne ligne d'autobus.
— Fred, est-ce que cette ligne existe encore aujourd'hui ?
— Oui. Il y a un arrêt à Druid Street.

Page 15

— Oh non ! C'est à cinq kilomètres !
— Oh nooon !
— Oh mon Dieu !
— PAS DE PROBLÈME ! On y va en courant.
— Allez tout le monde !
— ON Y VA, ON Y VA, ON Y VA !
À Druid Street
— L'arrêt est là-bas !
— Regardez ! Le bus arrive ! Prenons-le ! DÉPÊCHEZ-VOUS !
Réponse : C'est la ligne 78.

Page 16

— C'est donc cela, la ligne 78. Elle est très ancienne !
— Je n'aime pas ce bus. Je veux descendre !
— On ne peut pas ! Il avance !
— Il traverse Tower Bridge.

TOWER BRIDGE

Édifié de 1886 à 1894, le Tower Bridge est un pont basculant qui enjambe la Tamise. Sa chaussée réservée au trafic routier est constituée de deux parties qui peuvent s'ouvrir en basculant et permettre ainsi le passage de navires importants. Jusqu'en 1976, le mécanisme de levage fonctionnait grâce à une machine à vapeur.

Page 17

— LE PONT EST EN TRAIN DE S'OUVRIR !
— JE NE VEUX PAS MOURIR !
— À L'AIDE !
— AAAAAAAH !
[CREEEAK CREEAK] Craaac craac

Page 18

— Eh ben ! Il s'est arrêté ! Je suis vivant !
— Tout le monde va bien ?
— Je vois quelque chose sur le plancher.
— Qu'est-ce que c'est ?
— C'est une pièce.
— C'est un indice ! Descendons du bus !
[BONG] Blong [OOPS] Oups
[SCREEECH SCREECH] Criiiii criiii

Page 19

— Écoutez-moi ça. En 1952, le pont commença à s'ouvrir et…
— ... le bus numéro 78 passa par-dessus le trou !
— Regardez, là-bas…
Réponse : La Tour de Londres.

Page 20

— LA TOUR DE LONDRES !
— C'est un message de la Dame en noir…
— Nous devons nous rendre à la Tour.

THE TOWER OF LONDON

La Tour de Londres est une forteresse du Moyen Âge dont l'origine remonte à Guillaume le Conquérant (XIe siècle). Elle a servi de palais royal, d'hôtel de la monnaie ou encore d'arsenal. Mais c'est surtout en tant de prison qu'elle célèbre ! Elle abrite les joyaux de la Couronne. On prétend que, si les corbeaux qui y vivent s'en allaient, le royaume s'effondrerait !

Page 21

— On y est. C'est vide !
— Je n'aime pas cet endroit !
— De nombreux fantômes hantent la Tour de Londres !
[CAAAAAW] Croooooâ

Page 22

— ATTENTION ! LES CORBEAUX NOUS ATTAQUENT !
[CAW CAAW CAAAAAW CAAW] Croâ Crooâ Croooooâ Crooâ

Page 23

— FUYONS !
— PAR ICI !
— EUH... NON, PAR LÀ !
[CAW CAAW CAAAAAW CAAW] Croâ Crooâ Crooooôâ Crooâ

Page 24

[CAW CAW CAAW CAW] Croâ Croâ Crooâ Croâ

Page 25

— LES OISEAUX S'EN VONT !
— Regardez ! Vous avez un nouvel ami !
— Il tient quelque chose dans son bec !
— Qu'est-ce que c'est ?
Réponse : Raven.

Page 26

— Ce sont des billets de banque.
— Regardez ça. Les numéros sont les mêmes.
— Ils sont CONTREFAITS !
[CAAAAW] Crooooâ

Page 27

— Qu'est que CONTREFAITS veut dire ?
— Cela signifie que les billets sont FAUX !
— Est-ce que la pièce du bus est fausse, elle aussi ?
— C'est une bonne question. Laisse-moi jeter un œil !
— Non, elle n'est pas fausse. Elle est très ancienne. Regardez, c'est le profil d'Isaac Newton.

ISAAC NEWTON

Célèbre savant anglais, Isaac Newton (1642-1727) a aussi bien excellé dans les domaines des mathématiques, de la physique que de l'astronomie. Il a énoncé les lois de la gravitation universelle. On sait moins qu'il a occupé les fonctions de directeur de la Monnaie durant les trente dernières années de son existence.

Page 28

— Isaac Newton travaillait à la Tour de Londres !!!
— Ah, vraiment ? Que faisait-il ?
— On fabriquait des pièces à la Tour de Londres. Isaac Newton détectait les fausses...

Page 29

— ... et poursuivait les criminels qui les fabriquaient.
— VOUS ÊTES EN ÉTAT D'ARRESTATION !
— Jetez un œil à ces faux billets ! Je peux lire le nom d'une banque.
— C'EST LA BANQUE OÙ TRAVAILLE MA MÈRE !
Réponse : La Banque d'Angleterre.

Page 30

— LA BANQUE D'ANGLETERRE !
— C'est encore un message de la Dame en noir ! Il faut TOUT DE SUITE qu'on aille voir ta mère !
— La Banque d'Angleterre se situe près la station de métro Bank.
— ON Y VA !

Page 31

— Voici une rame !
— On monte !
— ?!! Elle est vide !
— Il fait froid, très très froid...
Tout à coup...

Page 32

— Je ne vois rien !
— Qui a éteint la lumière ?
— Pas moi !
— OÙ EST PHILIP ?
— Fred ! C'est toi ?
— OÙ EST PHILIP ?
— C'est l'interphone ! La D-D-D-Dame en noir !

Page 33

— La Dame en noir pointait cet homme du doigt !
— C'EST M. HACKER. C'EST LE PATRON DE MA MÈRE !!
Réponse : C'est le patron de la mère de Maggie.

Page 34

— ...comme ça vous comprenez M. Hacker. La Banque d'Angleterre est en danger !!
— Oh Maggie ! Ma chère ! Bien sûr que je vais vous aider !
— Suivez-moi tout le monde !
— TAXI !

Page 35

— Euh, M. Hacker, ce n'est PAS la direction de la Banque d'Angleterre ?!
— Ne t'inquiète pas mon garçon !
— Où allons-nous !!!?